AF365464

اللَّهُ تَعَالى

كتابة، رسم وإخراج: سنا شهاب

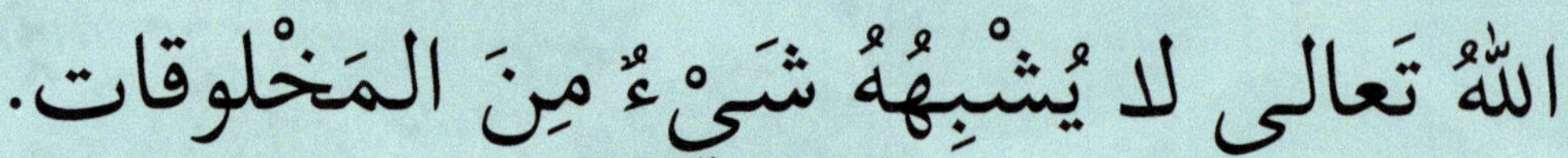

اللهُ تَعالى لا يُشْبِهُهُ شَيْءٌ مِنَ المَخْلوقات.

لَيْسَ كَمِثْلِهِ شَيْءٌ

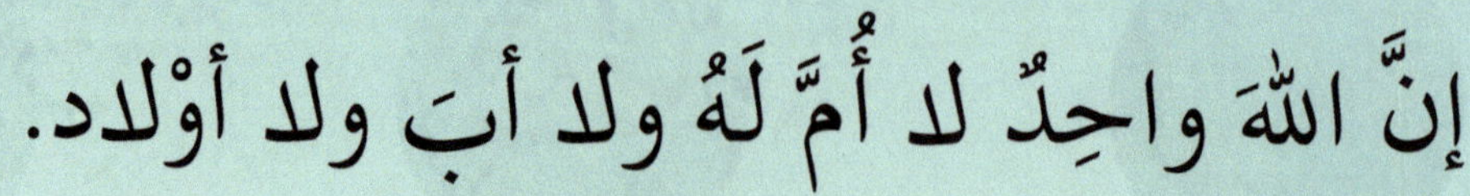

إنَّ اللهَ واحِدٌ لا أُمَّ لَهُ ولا أَبَ ولا أوْلادَ.

قالَ اللهُ تَعالى: ﴿ قُلْ هُوَ اللهُ أَحَد، اللهُ الصَّمَد، لَمْ يَلِدْ وَلَمْ يولَد، وَلَمْ يَكُنْ لَهُ كُفُواً أَحَد ﴾.

اللهُ تَعالى هُوَ إلهُ كُلِّ شَيءٍ، خَلَقَنا وخَلَقَ الأَرْض،
السَّماء، الحَيَواناتِ والنَّباتات.

أنا أَتَعَلَّمُ قِراءةَ القُرْآنِ الكَريمِ، وأُحِبُّ أنْ أَعْرِفَ كُلَّ شَيْءٍ عَنِ اللهِ وصِفاتِه.

الْقُرْآنُ
مِنْهاجُ حَياةٍ

أنا أُحِبُّ اللهَ تَعالى وأَذْكُرُهُ في كُلِّ وَقْتٍ، فَأَبْدَأُ كُلَّ عَمَلٍ بِذِكْرِهِ وأَقول: «بِسْمِ اللهِ».

11

أَنا أَدْعو اللهَ تَعالى بِصِدْقٍ، وَأَتَمَنّى أَنْ يُعْطيَني كُلَّ ما أَحْتاجُ إِلَيْهِ.
يا ربّ

يا رَبّ
13

أنا أُصَلّي للهِ تَعالى طاعَةً وحُبًّا، وأشْكُرُهُ عَلى نِعَمِهِ وأسْتَغْفِرُهُ إذا أخْطَأْتُ وأدْعوهُ إذا مَرِضْتُ.

كُنْتُ مَرِيضَةً
واللّهُ شَفاني